Katharina Zechlin

W0330585

Weihnachtliches Basteln mit Kindern

Materialangaben und Arbeitshinweise in diesem Buch wurden von der Autorin und den Mitarbeitern des Verlags sorgfältig geprüft. Eine Garantie wird jedoch nicht übernommen. Autor und Verlag können für eventuell auftretende Fehler oder Schäden nicht haftbar gemacht werden. – Für eine Verbreitung des Werkes durch Film, Funk, Fernsehen, Fotokopien oder Videoaufzeichnungen ist eine Genehmigung oder Lizenz des Verlags erforderlich. Das Werk ist urheberrechtlich geschützt, nach § 54 Abs. 1 und 2 UrhG.

ISBN 3-7724-1156-8 · Best.-Nr. 1156 · © Copyright 1987 by Frech

10. 11. Auflage
Erste Zahl maßgebend

frech-verlag

Jahr: 1995 94 93
Letzte Zahl maßgebend

Druck: Frech, Stuttgart-Weilimdorf

Es weihnachtet wieder! Und, damit es auch jeder Besucher gleich merkt, wird er in der Adventszeit schon am Gartentor vom Weihnachtsmann begrüßt, den Nina und Martin dort angebunden und mit Rute und Tannenzweig geschmückt haben.
Nina, Martin und Miriam haben mitgebastelt an diesem Buch, das Ihnen Vorschläge für weihnachtliche Basteleien mit Ihren Kindern machen möchte.

Bei der Auswahl waren mir einige Gesichtspunkte besonders wichtig:

- Fast alle Vorschläge lassen sich mit einfachen, preiswerten Materialien verwirklichen, die man zudem überall bekommt.

- Die meisten Anregungen sind so ausgewählt, daß alle mitbasteln können; die kleineren Geschwister brauchen nicht ausgeschlossen zu werden, die größeren können die Ideen ergänzen und variieren. Vieles ist sogar für Erwachsene reizvoll.

- Besonders wichtig war mir, daß keine vorgefertigten „Muster" gegeben werden. Die Kinder haben viel Freiheit in der individuellen Gestaltung. Nur so entstehen wirklich ursprüngliche „Werke", die es auch wert sind, aufbewahrt zu werden, und später eine schöne Erinnerung sein können.
  Ausnahmen sind einige Faltformen u.ä. mit langer Tradition, die sich lohnen, an Kinder weiterzugeben.

- Die vorgeschlagenen Basteleien sind schlicht und lassen Materialien und „Handarbeit" wirken – im Gegensatz zu manchen überladenen Dekorationen, die man sonst manchmal zu Weihnachten sieht.

- Die meisten Dinge kann man an einem Nachmittag basteln. Damit ist die Geduld der Kinder nicht überfordert. Die Vorschläge sind zudem nicht übermäßig schwierig. Vieles können Kinder ab etwa 8 Jahren auch ganz allein basteln. Alles in diesem Buch ist wirklich von Kindern (und nicht zur Hälfte von Erwachsenen) angefertigt worden. Das schließt natürlich nicht aus, daß Erwachsene mit Tips und Anregungen weiterhelfen können.

Und noch ein Tip:
Wenn Sie folgende Materialien im Hause haben, sind Sie gerüstet für viele Ideen aus diesem Buch und können jederzeit eine „Bastelstunde" mit Ihren Kindern einlegen. Besonders, wenn draußen ein ungemütliches Winterwetter herrscht, finden Sie bei Ihren Kindern bestimmt ein dankbares Publikum für Ihre Bastelvorschläge.

Metallpapier in verschiedenen Farben,
Tonpapier in zwei Farben, Rot und Schwarz,
ein Mäppchen Transparentpapier,
ein Mäppchen Buntpapier,
weißes Zeichenpapier,
Filz in Rot und einige Filzreste,
ein Päckchen Modelliermasse oder Ton,
2 m Regenbogenfolie,
einige Bastelfarben
etwa vier dünne Lackmalstifte (Farbvorschlag: Gold, Rot, Schwarz, Grün)
Glitzerpaste
durchsichtige steife Folie (Aktendeckel oder alte Klarsichtverpackung),
UHU-Alleskleber.

Übrigens wurde der Weihnachtsmann von einem 12jährigen Jungen aus 10 mm starkem Sperrholz mit der Laubsäge ausgesägt (siehe dazu S. 42). Die Kinder bemalten ihn mit wetterfesten Bastelfarben und lackierten ihn anschließend noch farblos.

Die Zutaten für diese hübschen Vorweihnachtssterne am Fenster kosten nichts, wir können sie auf einem Novemberspaziergang sammeln.

Den Kindern macht es großen Spaß, die Dinge zu entdecken, die sich zum Sternebasteln eignen: z.B. Bucheckern, Lindensamen, Hagebutten, Erlenzapfen und allerlei trockene Gräser. Lehrreich ist es außerdem noch; besonders, wenn man ein Buch mit auf die Entdeckungstour nimmt, in dem man gleich nachschlagen kann, wie die Fundstücke heißen.

Zuhause brauchen wir dann noch etwas Knet- oder Modelliermasse, ein paar Büroklammern und Faden zum Anhängen.
Nina zeigt hier, wie's gemacht wird: wir rollen kleine Kugeln aus Knetmasse, drücken eine Büroklammer ein und knoten einen Faden an. Dann erst stecken die Kinder sternförmig die Gräser usw. ein. Die Kleinsten bekommen die nicht so zerbrechlichen Bucheckern, Hagebutten u.ä.
Wem das noch nicht weihnachtlich genug ist, kann die Sterne noch mit Glitzerspray besprühen oder mit Goldbronze betupfen.

Noch besser gefiel den Kindern das Basteln der Bucheckersterne für den Goldbaum, denn sie durften alles üppig mit Goldbronze bemalen.
Trockene Zweige muß man zweimal bemalen, damit es richtig schön glänzt. Der Goldbaum findet Halt in einem Weckglas, das mit Steinen gefüllt ist, die in Goldpapier eingewickelt wurden.Die Kerzen kann man ganz leicht mit weichen Wachsklebeplättchen auf die Zweige heften.

Die Sternkörbchen sind eine alte Faltform aus Japan. Es lohnt sich, die Technik zu erlernen, auch wenn es den Kindern zuerst schwierig erscheint. Wenn man es zwei- bis dreimal mit ihnen geübt hat, können sie es etwa ab 6 Jahren allein. Meine Kinder falteten wochenlang Sternkörbchen für die verschiedensten Anlässe: für den adventlichen Kaffeetisch, mit Keksen gefüllt, oder z.B. als Adventskalender, mit kleinen Basteleien oder Süßigkeiten darin. Auch Geschenke kann man darin hübsch verpacken.
Verwendet werden kann jede Art von Papier, sehr dekorativ ist beidseitig bedrucktes Origamipapier.
Das Blatt muß quadratisch sein, zum Üben empfiehlt sich die Größe von etwa 15 × 15 cm. Die Schritt-für-Schritt-Faltanleitung finden Sie auf dem Bastelbogen.

Die Faltpferdchen sind ebenfalls eine traditionelle Faltform – diesmal aus Skandinavien. Bei den Kindern stießen sie auf große Begeisterung, denn sie sind schnell und einfach aus nur zwei Papierstreifen gemacht. Man kann mit ihnen nicht nur schmücken, sondern auch herrlich spielen.

Hier haben die Kinder eine Szene aufgebaut, in der der Weihnachtsmann mit vielen Pferden durch den Wald reitet.

Die Zeichnung zeigt, wie's gemacht wird: 2 Streifen Tonpapier (etwa 4 × 22 cm) werden zweimal der Länge nach zusammengefaltet, dann in der Mitte gefaltet. Beim ersten Streifen im oberen Drittel beide Streifenenden nach unten klappen, etwa im rechten Winkel – das wird das Kopfteil. Beim zweiten Streifen dasselbe im letzten Drittel – das wird der Körper mit den Hinterbeinen. Vorderteil in den Körperstreifen schieben und mit einem Faden kreuzweise zusammenbinden. Für kleine Kinder ist es leichter, wenn man die Teile mit dem Hefter zunächst zusammenheftet. Mähne und Schwanz werden aus einmal gefaltetem und ausgeschnittenem Papier dazwischengeklebt.

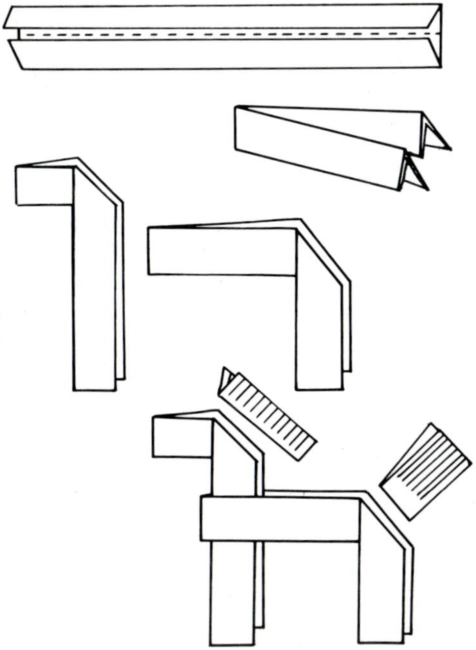

Wenn Sie mögen, können die Kinder die Pferdchen natürlich noch bemalen und mit allerlei Figuren und Zutaten ergänzen. Unsere Kinder bastelten ein ganzes „Pferdegestüt" mit Fohlen, Ställen usw.
Nicht nur zu Weihnachten, sondern auch z.B. am Kindergeburtstag eignen sich die Pferdchen zur Dekoration und zum Spielen.
Der Tannenwald entsteht aus kleinen Zweigstückchen, die in ein Ton- oder Knetmasseklümpchen gesteckt werden. Die Zweige halten sich erstaunlich lange frisch.

Weihnachtliche Transparentfiguren schmücken hier das Fenster und bringen Farbe in trübe Dezembertage. Kinder von 5-8 Jahren haben sie gebastelt. Damit es ein wenig winterlicher aussah, hatte ich von außen ein Spray auf die Scheibe gesprüht, das zu interessanten Eisblumen auftrocknet. Das beflügelte die Phantasie der Kinder, und sie beschlossen, noch ein zweites Fenster mit einer Eiskönigin und ihrem Schloß zu dekorieren.

Miriam zeigt, wie es gemacht wird. Man braucht: schwarzes Tonpapier, ein Mäppchen Transparentpapier, einen hellen Wachsmalstift, Schere und Klebstoff.

Sie malt ein Motiv mit Wachsstift auf das schwarze Papier in etwa 1 cm breiten Linien auf. Alles Schwarze schneidet sie weg, die breiten, hellen Linien bleiben stehen. Dann legt sie Transparentpapier über die Figur und zeichnet die Umrisse grob nach. Ausschneiden und auf der Seite, auf der gemalt wurde, festkleben. Wenn man das Transparentpapier doppelt nimmt, leuchten die Farben wesentlich intensiver. Bei mehreren Farben muß man aufpassen, daß man alles von einer Seite her festklebt.

Interessant für die Kinder ist auch das Mischen der Farben. Lassen Sie einmal Rot und Blau zusammen hinterkleben!

Hübsch ist ein Riesenweihnachtsstern, der das ganze Fenster ausfüllt und aus vielen bunten Dreiecken besteht – eine Gemeinschaftsarbeit für mehrere Kinder.
Die Figuren klebt man mit UHU-foto an das Fenster, sie lassen sich dann später leicht wieder ablösen.

Das Eisblumenspray läßt sich mit Spiritus wieder entfernen.

Weihnachtliche Bastelstunde mit den Kleinsten. Großen Erfolg hat immer die Anfertigung von „Piekslichtern“ – so nennen die Kinder die Windlichter aus Metallfolie. Dabei stechen sie mit einer stumpfen Sticknadel Löcher in einen Streifen Folie von etwa 20 × 35 cm. Als Unterlage benutzt man Styropor (alte Verpackung). Den Kleinsten macht natürlich hauptsächlich das Pieksen Spaß, die Größeren können versuchen, mit Lochreihen Muster zu bilden.

Der Streifen wird mit Büroklammern zum Zylinder gesteckt oder zusammengeklebt. Ein Teelicht hineinstellen – durch die Löcher glitzert das Kerzenlicht, innen schimmert es rot oder golden. Alle Werke werden natürlich gegenseitig ausgiebig bewundert.

Die Kinder sammelten viele Kiefernzapfen – daraus bastelten wir gemeinsam die lustigen **Wichtel**, die sich hier um ein „Lagerfeuer“ im Tannenwald versammelt haben.
Damit die Wichtel stehen können, werden die Zapfen auf ein Klümpchen Knetmasse gedrückt. Mit einem Wachsklebeplättchen läßt sich der Kopf aus einer Wattekugel ganz leicht festmachen. Hütchen aus einem Viertelkreis Filz schneiden und mit UHU-Alleskleber am Kopf befestigen. Das Gesicht können die Kinder am einfachsten mit Filzstiften aufmalen, der Bart besteht aus Schafwolle oder Watte. Jeder Zwerg bekommt noch sein Erkennungszeichen aus Glitzerfarbe auf den Hut.
Für den Tannenwald stecken die Kinder kleine Zweige in Ton- oder Knetmasseklümpchen.

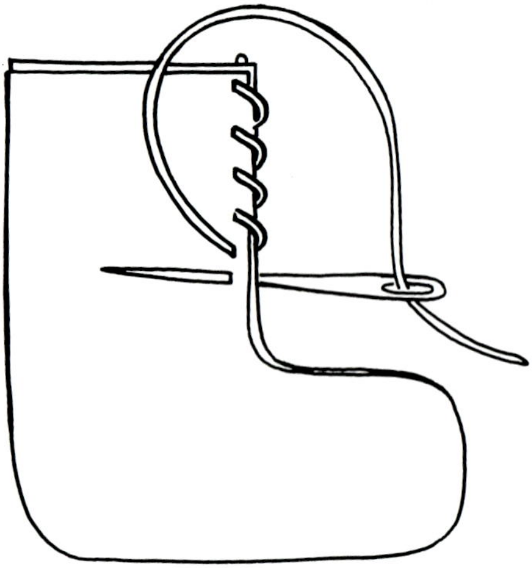

In diese hübschen **Stiefel** steckt der Nikolaus natürlich sehr gern seine Süßigkeiten. Miriam (7 Jahre) und die Zwillinge Nina und Martin (5 Jahre) haben sie selbst genäht und verziert. Mutter hat nur das Material bereitgestellt, ein paar Tips gegeben und das Zusammennähen gezeigt.

Man braucht Filz in verschiedenen Farben, etwas Näh- oder Perlgarn und UHU-Alleskleber.

Der Stiefelschnitt ist auf dem Extrabogen. Er wird abgepaust, ausgeschnitten und mit einer Stecknadel auf den Filz gesteckt. Dann malt man die Umrißlinien mit Filzstift und schneidet den Stiefel aus. Nun denkt sich jeder eine schöne Applikation aus – so nennt man die bunte Filzverzierung. Es ist am einfachsten, alle Teile einzeln auf Filz aufzuzeichnen und auszuschneiden – also nicht einen ganzen Weihnachtsmann in einem Stück ausschneiden, sondern Kopf, Hut, Mantel, Bart usw. einzeln und in verschiedenen Farben.

Nun legt man die Teile zunächst auf den Stiefel und prüft, ob alles zusammenpaßt. Erst dann wird alles festgeklebt. Augen, Mund und Nase lassen sich mit Filzstift aufmalen. Die Kinder haben noch zusätzlich mit Glitzerpaste aus der Tube ein paar Verzierungen angebracht.

Das zweite Stiefelteil wird jetzt ausgeschnitten und mit dem ersten an den Rändern zusammengenäht. Das geht nicht schwer mit einer kräftigen Nähnadel und Sticktwist in überwendlichen Stichen. Aus einem Streifen kann man noch einen Aufhänger annähen.

Falls Euch nichts einfällt, sind hier noch ein paar Motive, die sich Miriam für Euch als Anregung ausgedacht hat.

MINA

Kinderleichte Dekoration für den Tannenbaum oder auch schon vor Weihnachten für einen hübschen Zweig: **Perlenkränze**, die besonders schön im Gegenlicht glitzern. Spendieren Sie den Kindern eine nicht zu knappe Auswahl an verschiedenen Glas- oder Holzperlen, Glitzersteinchen, Knöpfen u.ä. Aus schmalen Goldpapierstreifen lassen sich auch Röhrenperlen selber aufwickeln. Die Perlen werden auf dünnen Silberdraht (etwa 0,6 mm stark) aufgefädelt. Den Draht zum Kreis formen, die Enden zusammenzwirbeln und einen Haken zum Anhängen formen. Nützlich ist eine kleine Kneifzange zum Abzwicken, es tut aber auch eine Haushaltsschere.

Je kleiner die Kinder, desto größer sollten die Perlen sein. Es lassen sich natürlich auch andere Figuren formen, z.B. Sterne oder Herzen.

Die Engel, die aus einem Kreis geschnitten werden, sind nicht neu. Aber, weil man sie so schnell gemacht hat und jedes Jahr zu vielen Gelegenheiten verwenden kann, lohnt es sich, sie den Kindern zu zeigen. Aus Gold- oder Tonpapier, ja sogar aus kleinen Tortendeckchen geschnitten, sehen sie nett aus. Wie verschieden sie geschmückt werden können, wenn sie aus einfachem Zeichenpapier geschnitten werden, zeigt

die „Engelparade“ von 10jährigen Schulkindern.
Ein Kreis (8 cm ∅ oder größer) wird so eingeschnitten, wie die Skizze zeigt. Wer es sich nicht freihändig zutraut, kann zu Anfang ein Muster vom Bastelbogen abpausen oder einfach auf Goldpapier durchdrücken. Arme etwas herunterbiegen und das Rockteil an den seitlichen Schlitzen zusammenstecken – fertig!

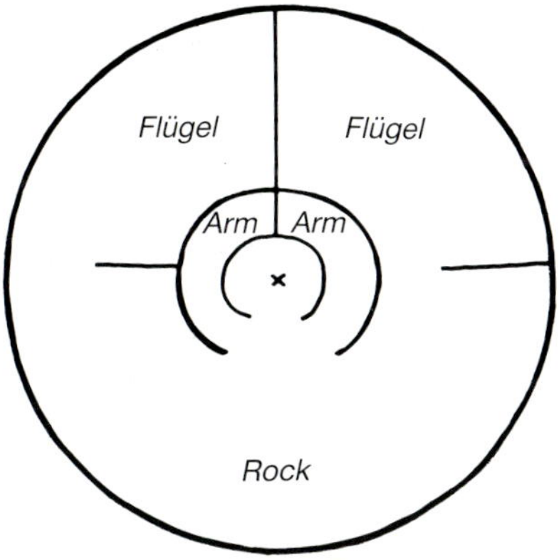

Winterlich-gemütlich sieht es an diesem Fenster aus – große „Schneekristalle“ rieseln herab. Sie sind aus einfachem Schreibmaschinenpapier geschnitten.

Die Zeichnungen zeigen zur Erinnerung das allseits bekannte Faltschnittschema: Ein quadratisches Stück Papier dreimal von Spitze zu Spitze zusammenfalten. Von der offenen Seite aus das Muster hineinschneiden. Um kristallähnliche Formen zu bekommen, muß allerdings ein bißchen anders als üblich geschnitten werden. Einige Beispiele zeigt die Zeichnung.

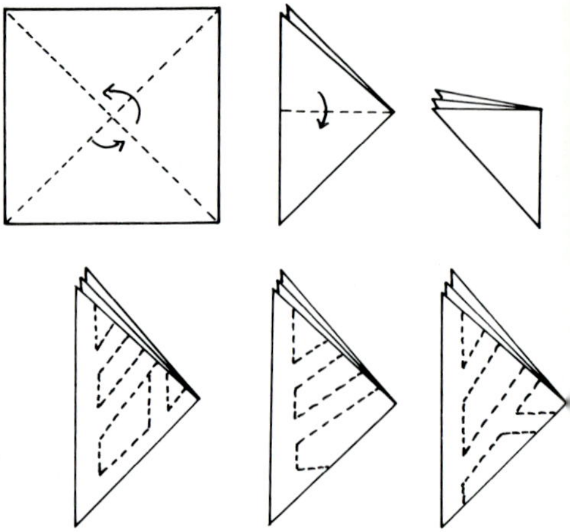

Nach einigen Versuchen haben die Kinder den Bogen raus! Wichtig ist, dünnes Papier zu wählen, sonst wird das Schneiden durch die mehrfachen Lagen schwierig.

Damit es richtig gemütlich aussieht, hat Mutter das Fenster mit rotem Klebeband umrahmt und in „Sprossen“ unterteilt. (Das Band gibt es in verschiedenen Farben speziell für diesen Zweck zu kaufen.) Die Sterne klebt man am einfachsten mit UHU-foto an die Scheibe; der glasklare Haftkleber schlägt nicht durch und läßt sich später wie Gummi vom Fenster wieder abrubbeln.

Mit Deckweiß aus dem Tuschkasten oder Plakatfarbe haben die Kinder noch Schneeflocken auf die Scheibe getupft – einfach mit den Fingern.

Und damit der Schnee auch auf etwas herunterrieseln kann, beschlossen sie, einfache Häuser aus buntem Tonpapier auszuschneiden. Diese bekamen noch Fenster aus leuchtendem Transparentpapier. So sieht es auch an trüben Tagen freundlich aus.

Wenn es statt der Schneekristalle Sternformen aus Goldpapier sein sollen, wird auf die gleiche Weise gefaltet, aber anders geschnitten. Ein paar Anregungen zeigt das Foto. Goldsterne sind immer wieder hübsch: zum Schmücken von Tisch und Fenster, zur Gestaltung von Kartengrüßen, als Päckchenanhänger und als Tannenbaumschmuck.

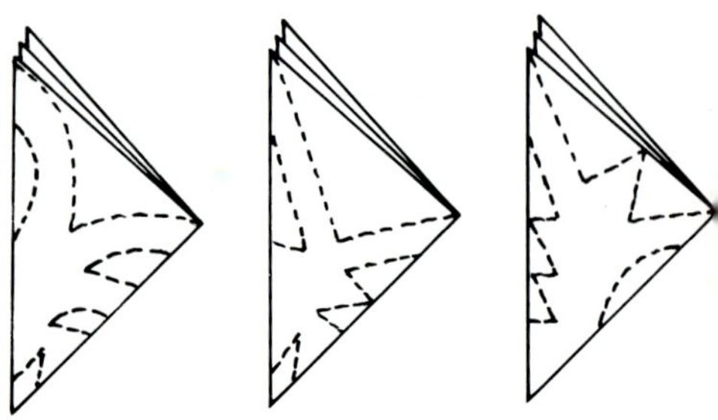

Die putzigen **Wichtelmännchen** aus Aststückchen haben sich auf einem großen Tablett versammelt, das die Kinder mit Moos ausgelegt und mit Zapfen und Gräsern dekoriert haben.

Bei einem Waldspaziergang haben wir trokkene Äste gesucht, nicht zu dick (etwa 2-3 cm Ø), und mit unterschiedlicher Rinde.

Zuhause werden sie mit einer Feinsäge in verschieden lange Abschnitte zersägt, und zwar so, wie das Foto zeigt: ein gerader Sägeschnitt als Standfläche, ein sehr schräger für Gesicht und Hut. Leichter geht es, wenn man das Aststück mit einer Schraubzwinge (Stück Restholz unterlegen!) festspannt. Größere Kinder können das alleine, bei den Kleineren ist es wohl besser, Vater oder Mutter helfen dabei, denn man braucht ganz schön viel Kraft zum Sägen. Die Sägeflächen werden mit Sandpapier nachgeschliffen, dann geht das Malen nachher leichter.

Mit Plakat- oder Bastelfarben malen die Kinder Mütze, Bart und Gesicht auf.
Die Rinde bleibt natur, das ist attraktiver.
Nebenbei entstanden aus interessanten Reststücken die „Naturleuchter“ und der Hirsch. Die Kerzen haften sicher mit einem Wachsklebeplättchen (weichere Sorte).
Dann wird erst einmal mit den vielen Wichteln gespielt. Was die alles anstellen!

Duftende Bienenwachskerzen, die gut zu den Leuchtern aus Astholz passen, können wir mit den Kindern selbst herstellen.

Kleine Wabenplatten mit passenden Dochten kann man preiswert kaufen. Sie werden etwas erwärmt (z.B. auf einer Heizung) und mit dem Docht eng aufgerollt. Mit einem Wachsplättchen befestigen.
Übrigens ist solch ein Leuchter, geschmückt mit Kerzen und Sternen, auch ein schönes Geschenk, das schon kleinere Kinder anfertigen können.

Zart und leicht schwebt der Engel von der Decke herunter, von jedem Luftzug leicht bewegt. Die Regenbogenfolie schimmert je nach Lichteinfall in allen erdenklichen Farbtönen. Nicht nur Kinder, auch die Erwachsenen sind fasziniert vom Farbenspiel der Folie. Geben Sie den Kindern einmal ein größeres Stück davon in die Hand, dazu ein bißchen Band, Klebefilm, etwas Draht und vielleicht noch ein paar Perlen oder Papier: Sie werden staunen, wieviel Ideen die Kinder entwickeln und was sie daraus alles fabrizieren!

Die Folie bekommt man dort, wo man auch Geschenkpapier kauft.

Für den Engel braucht man ein quadratisches Stück, etwa 40 × 40 cm, je nachdem, wie groß er werden soll, und ein paar kleinere Stücke für die Arme. Außerdem eine Wattekugel für den Kopf, etwas Blumendraht, ein Stück durchsichtige steife Folie (alte Verpackung oder Aktendeckel), Goldgarn oder „Engelshaar" für die Haare und Glitzerfarbe. Klebefilm und eine Zange zum Abkneifen sind ja sicher im Haus.

Das Basteln ist überhaupt nicht schwer und von Kindern ab etwa 8 Jahren zu schaffen.

Aus vierfach gelegtem Draht formt man zwei etwa 15 cm lange Stücke, eines steckt man in die Wattekugel. Das Drahtstück für die Arme wird mit der Folie umwickelt, die Enden mit Klebefilm befestigt. Die Folie stülpen Sie dann über die Wattekugel, fassen sie mit Klebefilm zum schmalen Hals zusammen (Foto) und binden kreuzweise mit Folienstreifen die Arme fest. Dadurch ergibt sich der Oberkörper. Der Rest des Drahtes wird vom „Rock" verdeckt.

Für die Flügel macht man sich aus Papier zunächst einen Faltschnitt und überträgt dann die Umrisse auf die steife Folie. Ausschneiden und mit Glitzerpaste sparsam bemalen. Natürlich lassen sich auch andere Farben verwenden, z.B. Metallic-Lack in Gold. Die Flügel näht man am besten mit zwei Stichen an und läßt gleich einen Faden zum Anhängen dran.

Dann fehlen noch die Haare – sie werden mit UHU-Alleskleber befestigt.

Die Kinder fanden den Engel ohne aufgemaltes Gesicht schöner, daher verzichteten wir darauf.

Wenn man den Draht für den Körper etwas länger und kräftiger wählt, kann der Engel auch stehen.

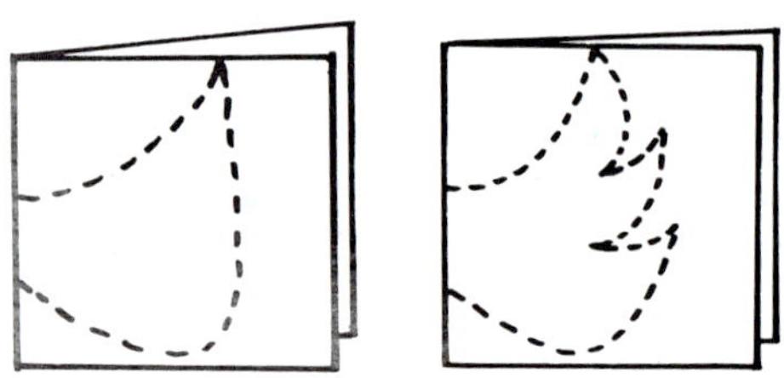

Duften gut und sehen lustig aus:

Apfelmännlein und Apfellichter

Die gehören zur Adventszeit einfach dazu! Weil sie so leicht zu basteln sind, können die Kinder einmal die Erwachsenen damit überraschen.

Eine Walnuß bekommt mit Filzstiften ein Gesicht gemalt und wird mit einem Klebekissen (z.B. von UHU) oder einem Wachsklebeplättchen auf den Apfel geklebt. Aus Metallpapier (Viertelkreis) eine Zipfelmütze aufsetzen. Die Halskrause wird wie ein Faltstern geschnitten (s. S. 16). Ein Bart aus Watte darf natürlich nicht fehlen; aus Tannenzweigen lassen sich auch die „Arme“ einstecken. Alles wurde auf einem Metalltablett arrangiert, das mit künstlichen Schneeflocken bestreut wurde (gibt es in Dekorationsgeschäften zu kaufen). Aber auch Moos ist sehr hübsch als Untergrund.

Engel und Weihnachtsmann können „echt“ laufen. Ihre Beine sind mit einer Musterklammer auf der Rückseite beweglich befestigt, wie man auf dem Foto sehen kann. Schiebt man die Figuren über eine rauhe Oberfläche, z.B. einen Teppich, rollen sie die Beine ab und es sieht wirklich aus, als ob sie liefen.

Die Körper sind aus kräftigem Zeichenkarton ausgeschnitten und mit Bastelfarben bemalt. Die Beine werden aus einem Kreis geschnitten. Sie dürfen nicht länger sein als

die Breite des Mantels, damit sie nicht seitlich herausragen.
Für den ersten Versuch gibt es auf dem Bastelbogen eine Umrißvorlage, die man beliebig ergänzen und verändern kann. Die Beine paust man am besten vom Bogen ab. Für schnelleres Laufen gibt es noch eine 6beinige Vorlage.

Beweglich mit einer Musterklammer angebracht, ist auch der Sack vom Weihnachtsmann. Er schaukelt beim Laufen hin und her. Vielleicht bindet ihr ihm ein Stoffsäckchen um, in das eine Überraschung gepackt wird?

Wenn man ein Stäbchen an der Rückseite festklebt, können die Kinder die Figuren vor sich herschieben. Eine Anregung für die größeren Brüder: aus Sperrholz ausgesägt, wird das ein richtiges Spielzeug für die kleineren Geschwister!

Großen Erfolg hatte ich bei den eigenen Kindern und deren Freunden mit dem Vorschlag, leere Dosen zu bemalen und, gefüllt mit selbstgebackenen Keksen, zu verschenken. Fleißig wurden allerlei Blechdosen gesammelt – von der leeren Tee- und Bonbondose bis zur großen Gebäck- und Kaffeedose. Die Vorarbeit hatte ich übernommen – nämlich die Dosen einfarbig mit (ungiftigem Acryl-) Sprühlack zu grundieren.

Natürlich können die Kinder auch selbst mit Bastelfarben die Dosen einfarbig bemalen, aber gleichmäßiger wird es doch mit Sprühlack. Besonders gut gefällt den Kindern, wenn man über die Grundfarbe noch eine hauchdünne Schicht schimmerndes Glitzerspray sprüht. (Gibt es in mehreren Farben im Bastelladen oder Schreibwarengeschäft zu kaufen.)
Zum Bemalen verwendeten wir matte oder glänzende Bastelfarben, außerdem einige dünne Lackmalstifte. Damit kann man besonders gut Linien- und Punktmuster malen, z.B. für Randverzierungen.
Auch Glitzerpaste aus der Tube (s. S. 30) läßt sich für besondere Effekte verwenden.
Wenn den Kindern nicht spontan eine Idee zur Bemalung einfällt, kann man eine weihnachtliche Erzählung oder ein Märchen vorlesen. Wir lasen „Sterntaler", was den 6-8jährigen gut gefiel.
Aber es muß ja nicht nur Weihnachtliches sein, was die Dosen schmückt, wie z.B. Ninas Dose mit der Nixe zeigt.
Ein paar Tage sollte die Farbe gut durchtrocknen und der Geruch abziehen, bevor man die Dosen mit Keksen füllt.
Ehrensache, daß in den nächsten Tagen fleißig Kekse gebacken und verziert werden – und zwar nach eigenen Entwürfen!

Nina hat mit Wachsmalkreiden Figuren entworfen und ausgeschnitten – hier z.B. einen Schmetterling. Mutter hat Lebkuchenteig vorbereitet. Auf den ausgerollten Teig wird die Papierfigur aufgelegt. Jetzt kann man sie mit einem Küchenmesser aus dem Teig ausschneiden. Nach dem Backen mit Zukkerguß überziehen und mit buntem Zucker, Liebesperlen, Nüssen, Smarties usw. dekorieren.

Mit dem

Weihnachtsmann als Handspielpuppe

kann man die Ungeduld und Vorfreude auf Weihnachten ein bißchen „überspielen".

Nina hat gerade das Säckchen fertiggenäht und findet, daß jetzt noch eine Rute fehlt! Dann wird sie ihren Geschwistern ein kleines Stück vorspielen, in dem der Weihnachtsmann sicher nicht nur ein paar Plätzchen verteilt, sondern den Kindern auch die Weihnachtsgedichte abhört!

Die Figur ist aus Filz aus zwei gleichen Teilen genauso zusammengenäht wie die Nikolausstiefel auf Seite 12. Den Grundschnitt, den man nach Belieben gestalten kann, enthält wieder der beigefügte Bogen. Gesichtsteile und Bart (aus Filz oder Watte) einfach aufkleben. Damit die Mütze nicht schlabberig hängt, haben wir etwas Watte hineingestopft. Ein Glöckchen an der Mütze kündet den Weihnachtsmann rechtzeitig an!

Ihr braucht zwei Stücke roten Filz, etwa 30 × 40 cm groß, kleine Reststücke in Rosa, Weiß und Schwarz, etwas Stickgarn und eine Nadel zum Zusammennähen.

Dieser **Adventskranz** fällt einmal anders aus! Er braucht keine Kerzen, denn er schimmert und schillert in allen Regenbogenfarben – am schönsten vor dem Fenster! Die Kinder können ihn viel leichter binden als einen Tannenkranz.

Behängt wird er mit vielen kleinen Vögelchen aus bunter Folie – je mehr, desto schöner. Dabei können alle mitmachen, Kleine und Große.

Man braucht etwa 1 m Regenbogenfolie (in der Geschenkpapier-Abteilung zu bekommen) und etwa das Gleiche an durchsichtiger Plastik- oder Zellophanfolie (z.B. aufgeschnittene Kühltüten, alte Verpackung o.ä.) Man formt daraus eine Wurst und klebt sie mit Klebefilm zum Ring zusammen. Die Schillerfolie wird in der Länge etwas zusammengerafft und locker um den Grundkranz gewunden, dabei ab und zu mit Klebefilm fixiert. Aufhänger anbinden.

Für die Vögel Metallfolie zusammenfalten, einen Vogel mit einem nach oben gerichteten Flügel dünn vorzeichnen und ausschneiden. Den Körper zusammenkleben, dabei ein Goldband zum Aufhängen mit einkleben. Die Flügel auseinanderspreizen. Natürlich kann man den Kranz auch mit vier Bändern waagerecht aufhängen. Hübsch sehen daran auch die Engel von S. 15 aus.

Nina zeigt hier einige der selbstgestalteten Weihnachtskarten, die in diesem Jahr verschickt werden.

Ein Weihnachtsmann steckt an der Pinnwand und sammelt die ein- und ausgehenden Grüße in den Falten seines Mantels. Er ist supereinfach anzufertigen:
Ein großer Bogen Tonpapier (50 × 70 cm) wird vom schmaleren Ende her in drei oder vier Falten (Faltentiefe etwa 3 cm) gelegt. Das obere Drittel bleibt glatt. Die Seitenteile so nach hinten falten, daß ein spitzwinkliges Dreieck entsteht. Auf der Rückseite mit Klebefilm befestigen. Aus schwarzem Tonpapier einen Hut schneiden und aufkleben.

Gesicht und Bart schneiden die Kinder aus oder – einfacher – malen sie mit Plakatfarbe oder Wachsmalkreiden auf. Vielleicht haben sie auch Lust, den Mantel zu verzieren. Nun fehlen noch die Stiefel, die ausgeschnitten und an der Rückseite festgeklebt werden – fertig ist der praktische Utensilo-Weihnachtsmann.

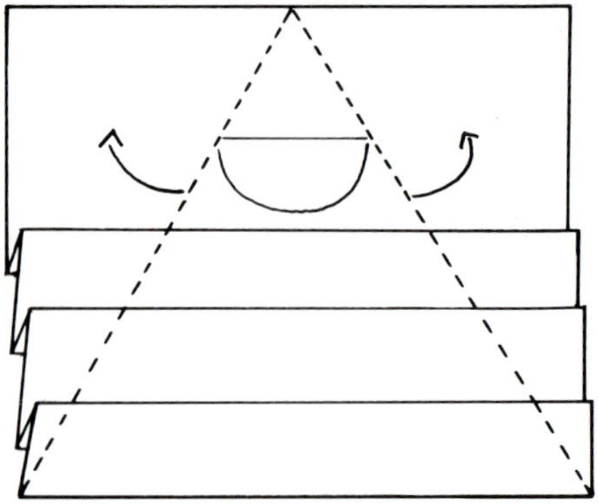

Die Karten, die aus gerissenem Buntpapier geklebt werden, sind so einfach, daß schon Kinder ab 4 Jahren dabei mitmachen können. Zudem wirken sie durch die leuchtenden Farben sehr dekorativ – und trotz des gleichen Motivs fällt jede anders aus! Auch sind sie ausgesprochen preiswert, denn außer einem Mäppchen Buntpapier braucht man nur etwas schwarzes Tonpapier und UHU-Alleskleber oder Klebestift.

Die benötigten Formen werden einzeln mit den Fingern aus dem Papier gerissen. Dabei können die Kinder erleben, wie verschieden Papier sich reißen läßt. Reißen wir nämlich in „Laufrichtung“, so ergeben sich relativ gerade Kanten. Entgegen der Laufrichtung gerissen, erhalten wir unregelmäßige, fransige Kanten mit weißem Rand. Ältere Kinder verstehen, das in die Gestaltung miteinzubeziehen.

Für einen Weihnachtsmann werden also die Teile Mütze, Mantel, Arme, Bart etc. einzeln gerissen und, nachdem alle Teile zusammenpassen, auf die Karte geklebt. Einfache Motive können sein: Schneemann (siehe Foto), verschneite Berglandschaft, Tannenbaum, Engel.

Weiße Weihnachten

Besonderen Spaß machte allen Kindern das **Malen mit Glitzerfarben** aus der Tube (z.B. von Hobbidee). Es gibt sie außer in Gold und Silber in vielen Farben. Sie haften nicht nur auf Papier oder Pappe, sondern auch auf Stoff, Folie, Holz und Metall.

Alles, was nicht zu feine Linien erfordert, läßt sich direkt mit der Tubenspitze aufmalen. Etwas Übung und Gefühl gehört allerdings dazu, den Druck auf die Plastikflasche so zu dosieren, daß die Paste gleichmäßig herausfließt.

Wenn zuviel auf einmal herauskommt, ist es auch nicht so schlimm, denn die Paste läßt sich mit den Fingerspitzen zu einem feinen Glitzerfilm verreiben. Außerdem hat sie Klebewirkung, so daß man auch kleine Glasperlen aufkleben kann.

Mit nur zwei Farben und Karton in verschiedenen Farben kann man leicht einige Dutzend wunderschöner „Glitzerkarten" herstellen.

Mriam, 7 Jahre, malte den Tannenbaum mit Glitzersternen auf eine Klappkarte mit Ausschnitt, unter den Regenbogenfolie geklebt wurde. Auf Regenbogenfolie ist die Glitzerpaste natürlich besonders wirkungsvoll.

Auf die andere Karte wurden einfache Vierecke aus Metallfolie als „Päckchen" geklebt. Die Bänder sind mit Glitzerfarbe in Silber aufgemalt. Das können auch schon die Kleinen!

Auch die **„Sternenbriefe"** sind einfach zu machen und erfordern nur ein bißchen Metallpapier. Aber sie lassen sich ganz verschieden ausschmücken und mit kleinen Überraschungen füllen.

Man kann z.B. Zeichnungen, Fotos oder Gutscheine hineinkleben, mit Glitzerpaste hineinschreiben oder sogar kleine Geldstücke darin verstecken.

Das Foto zeigt, wie sie gemacht werden: Zwei Kreise ausschneiden; einen Kreis dreimal zusammenfalten, von der Mitte aus gleichmäßig lang an den geknifften Linien einschneiden. Zum Stern auseinanderbiegen, an den Rändern mit dem zweiten Kreis zusammenkleben. Zum Verschicken natürlich die Zacken wieder schließen.

Sieht auch aus gemustertem Geschenkpapier schön aus.

Größeren Kindern kann man die Aufgabe stellen, herauszufinden, wie man wohl - Sternenbriefe mit sechs Zacken anfertigt.

Besonders effektvoll und sehr schön in den Farben sind Karten, die in der Technik der **Papierbatik** angefertigt werden. Dabei wird dünnes Spezialpapier gefaltet und in Batikfarben gefärbt. Je nach Faltung und Färbung fallen die Muster und Farben ganz verschieden aus. Das sollten Sie mit den Kindern unbedingt einmal ausprobieren. Es fasziniert auch Erwachsene.

Man braucht: Japanpapier in Postkartengröße, weiße Karten zum Aufkleben, 3 Tüten Deka L-Batikfarbe (Gelb, Blau, Rot), Joghurtbecher, einige Wäscheklammern, Papier- oder Küchentücher.

Das Farbpulver in ½ Liter heißem Wasser auflösen, ½ Eßlöffel Salz hinzufügen. Von jeder Farbe etwas in einen abgeschnittenen Joghurtbecher füllen.

Tisch abdecken; Malkittel für die Kinder sind empfehlenswert.

Die beiden zeigen hier, wie man kreis- und sternförmige Muster färbt: Das Papier wird einmal zusammengefaltet und an der Mittellinie geknifft. Vom geschlossenen Bruch aus die oberen Ecken an die Mittellinie falten, die schrägen Kanten noch ein- bis zweimal zur Mitte umschlagen, dann beide Hälften zusammenklappen.

Mit einer Wäscheklammer hält man das Papier an einem Ende fest und taucht das andere ein wenig in die Farbe, die in das Papier einzieht. Auf einem Küchentuch ein

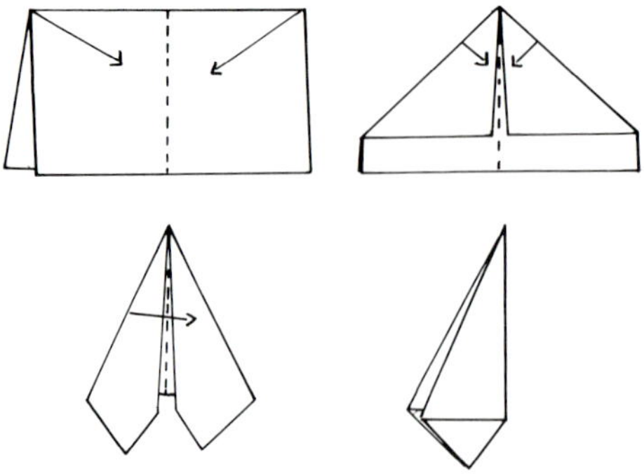

wenig trockentupfen, in der Mitte falten und wieder färben. An den Beührungsstellen durchdringen sich die Farben teilweise und ergeben Mischtöne.
Die senkrechten Kanten lassen sich zusätzlich mit einem Q-tip mit Farbe betupfen. Nach dem Trockentupfen das Blatt ganz vorsihtg auseinanderfalten und zum Trocknen auf ein Küchentuch legen. Leicht überbügeln und mit vier Klebetupfen auf weiße Karten kleben.
Hübsch ist auch, wenn man sternförmige Ausschnitte aus einer Karte schneidet und mit Batikpapier hinterklebt (im Utensilo-Weihnachtsmann zu sehen). Über die verschiedenen Faltarten gibt es ausführliche Bücher.

Eine Überraschung besonderer Art sind die **Klappkarten**; eigentlich nicht nur Grüße, sondern schon ein richtiges Weihnachtsgeschenk. Von außen ganz einfach, entfalten sie beim Aufschlagen ein plastisches Schaubild. Das sieht schwieriger aus, als es ist. Die Kinder verstehen das System sehr schnell und basteln begeistert eine Karte nach der anderen.
Ein Stück Tonpapier oder kräftiges Zeichenpapier wird gefaltet und von der geschlossenen Seite aus in 1 cm breite Streifen geschnitten, etwa so (für den ersten Versuch), wie die blaugraue Karte auf dem Foto zeigt. Dann klappt man die Karte auf und stülpt die Stege zur Innenseite, wie neben dem Schneemann zu sehen ist. Mit Filzstiften malen die Kinder bunte Figuren, schneiden sie aus und kleben sie an die senkrechte Seite der Streben.
Soll die Figur etwas weiter vorn erscheinen, muß der Einschnitt länger sein. Wenn z.B. der Schneeberg sich im Hintergrund befindet, darf der Einschnitt nur kurz sein.
Die Karten können vielgestaltig ausgeschmückt werden. Bei der Winterkarte hat Antje, 9 Jahre, hellblaues Buntpapier auf eine Kartenhälfte geklebt und weiße Wolken aufgemalt; Miriam läßt ihren Weihnachts-

mann durch einen Tannenwald fahren und hat mit Glitzerfarbe „Frohe Weihnachten “ an den Himmel geschrieben.

Zu beachten ist noch, daß die Figuren möglichst nicht herausschauen sollen, wenn die Karte zugeklappt ist. Deshalb eventuell die Karte zunächst größer schneiden und nach dem Basteln kürzen oder von außen eine größere Karte gegenkleben. Dann sieht man von den Einschnitten auch nichts mehr.

So hat es auch Kirsten, 12 Jahre, gemacht, die diese schöne Krippenszene gebastelt hat.

Übrigens sehen Filzstiftzeichnungen wirkungsvoller aus und sind auch leichter auszuschneiden, wenn man drumherum einen schmalen, weißen Rand stehenläßt. Nach diesem einfachen Aufklappsystem lassen sich auch Glückwunsch- oder Einladungskarten gestalten.

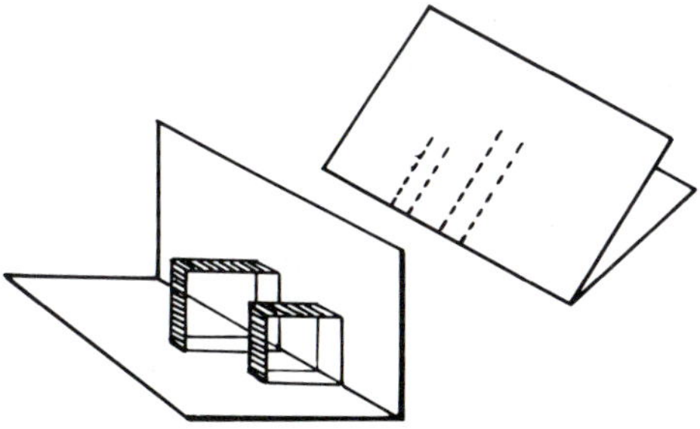

Das Weihnachtskarussell mit Tannenbaum, Sternen und allerlei anderen Figuren behängt, dreht sich, sobald Miriam die Teelichter darunter angezündet hat. Obendrauf dreht sich ein Engel munter mit herum. Die warme Luft steigt nach oben in eine Art Hut, mit eingeschnittenen Klappen, die schräg nach oben zeigen. Sie sorgen dafür, daß das Karussell sich drehen kann. Je wärmer es wird, desto schneller läuft es herum. Eine interessante Bastelei besonders für größere Kinder.

Für das Dach des Karussells benutzt man am besten die Vorlage vom Bastelbogen, alles andere können die Kinder frei gestalten.

Wir haben für das abgebildete Karussell das übliche Goldpapier benutzt und zur Verstärkung Zeichenpapier hinterklebt. Das hat sich nicht so gut bewährt, weil die Papiere sich unterschiedlich ausdehnten. Ein später gebasteltes Modell aus dünnem Ganzmetall drehte sich besser und ist zudem sicherer, weil unbrennbar. (Die dünne Metallfolie gibt

es im Bastelladen, sie wird auch für leichte Drückarbeiten benutzt.)
Das Muster für den Hut wird vom Bastelbogen einfach mit einem harten Bleistift durchgedrückt. An den gekennzeichneten Linien einschneiden, die Klappen schräg nach oben biegen, ein Segment herausschneiden und zu einem flachen Kegel zusammenkleben. Eine halbierte Kartoffel oder ein Klümpchen Knetmasse wird in Alufolie oder Goldpapier eingewickelt. Hinein steckt man eine Stricknadel, auf deren Spitze der Kegel gesetzt wird. Eine gute Lagerung ist auch eine Glaskopfstecknadel, die in ein dünnes Rundholz gesteckt wird.

Jetzt kann man ausprobieren, ob das Karussell richtig läuft, wenn man ein bis zwei Teelichter darunterstellt.
Sobald der Versuch befriedigt, können wir Figuren aufhängen. Miriam hat sie mit Filzstift auf Papier gemalt und ausgeschnitten. Für Goldeffekte benutzte sie einen Lackmalstift. Besser ist es jedoch auch hier, unbrennbare Metallfolie zu benutzen, die man gut mit Lackmalstiften bemalen kann.
Die Figuren sollen nicht zu unterschiedlich groß sein, damit das Gleichgewicht stimmt. Ein hübsch bemalter Untersatz vervollständigt das Karussell.

Übrigens: Ganz ohne Kerzen kommt man aus, wenn man in der Mitte des Kegels einen Faden befestigt und das Karussell von der Decke herunterhängen läßt. Die aufsteigende warme Raumluft treibt es an.

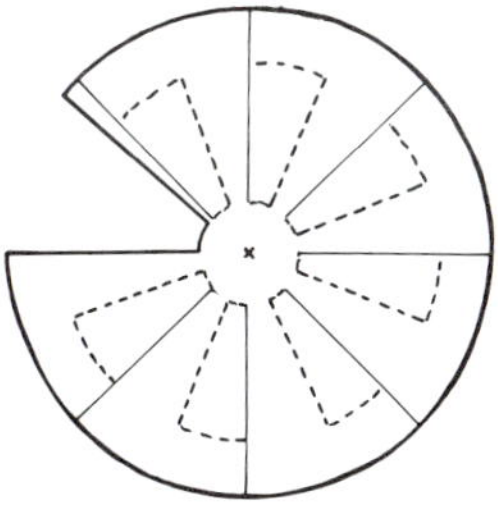

Eine Spielerei, die ganz schnell gebastelt ist, ist das bekannte **Spiralmobile**, das ebenso von aufsteigender Warmluft angetrieben wird.

Aus Ton- oder Goldpapier einen etwa 12-15 cm großen Kreis ausschneiden und spiralförmig einschneiden. Das kann man freihändig. Wer doch eine Vorlage braucht, findet sie auf dem Bastelbogen. Eine Stricknadel in eine eingewickelte Kartoffel stekken, die Spirale, deren Mittelpunkt leicht angepiekt wird, aufsetzen. Sie läuft besser, wenn das Ende ein wenig nach unten zeigt.

Die Spirale kann man hübsch bemalen und mit leichten Figuren bekleben. Hier sind es die patenten Engel von S. 15.

Meist dreht sich die Spirale schon, wenn man sie auf eine Fensterbank stellt, unter der eine Heizung angebracht ist.

Möchten Sie einmal alle Familienmitglieder zu einem vorweihnachtlichen Bastelnachmittag vereinen, dann gibt es ein sicheres Erfolgsrezept: Legen Sie einen Batzen **Ton** (ersatzweise Modelliermasse) auf den Tisch. Dazu eine Lage Zeitung oder ein Brettchen als Unterlage – mehr braucht es nicht! Die Kleinsten werden genauso begeistert sein wie die Großen, und vom winzigen Engel bis hin zur kompletten Krippe kann alles entstehen. Die schönsten Sachen kann man brennen lassen (in vielen Bastelläden oder beim Töpfer).

Wer nicht so recht weiß, womit er beginnen möchte, versucht sich vielleicht an den einfachen **Leuchterengeln**. Sie werden aus einzeln modellierten Teilen zusammengesetzt. Man formt eine Kugel (Kopf), einen Kegel (Rock), zwei Würstchen als Arme, zwei dreieckige Platten als Flügel. Die Teile drückt man zusammen und verschmiert die Verbindungsstellen gründlich mit Ton. Dann formt man aus einer Kugel eine Art Schälchen und drückt sie dem Engel als Kerzenhalter auf den Kopf. Das Gesicht und Verzierungen lassen sich mit einem Zahnstocher einritzen. Wenn der Engel gebrannt werden soll, muß das Rockteil von unten her mit einem Messer etwas ausgehöhlt werden, weil massive Teile sonst platzen. Zwei Wochen Trockenzeit muß man einkalkulieren.

Teile, die nicht sehr strapaziert werden, müssen nicht unbedingt gebrannt werden. Auch bemalt sehen die Engel reizvoll aus, wie das kleine Foto beweist.

Übrigens: Wenn Ihre Kinder Spaß am Formen haben und Sie öfter mit ihnen modellieren möchten, empfehle ich Ihnen mein Buch „Modellieren mit Kindern", Frech-Verlag. Darin finden Sie Anregungen für viele Gelegenheiten, auch für Weihnachten. Außerdem werden alle möglichen Modelliermassen behandelt, und mit einem ganz einfachen System lernen Ihre Kinder, jede beliebige Figur zu modellieren.

Die lustigen Weihnachtsmänner sind das Ergebnis zweier Bastelnachmittage. Sie wurden aus Modelliermasse geformt, die nach dem Trocknen holzähnlich aussieht.

Aber auch jede andere Modelliermasse läßt sich verwenden. Eine Kugel wird an einer Seite zur Spitze geformt und ergibt Kopf mit Zipfelmütze. Der Mantel entsteht aus einem kegelförmigen Teil. Beides gut zusammendrücken, eventuell mit einem Streichholzstück verbinden. Röllchenarme, Knollennase und anderes „Zubehör" gut andrücken und mit etwas feuchter Modelliermasse anschmieren. Auch etwas Spucke tut gute Dienste.

Drei bis vier Tage müssen die Männchen trocknen, bevor sie bemalt werden können.

Die modellierten Engel und Sterne sind hübsch am Christbaum. Sie eignen sich aber auch sehr gut als Mini-Geschenk oder Päckchenanhänger. Als Modelliermaterial kommen Ton, Salzteig oder selbsthärtende Massen in Frage.

Es geht kinderleicht:
- eine kleine Kugel für den Kopf formen und flachdrücken
- ein Röllchen zum Rock flachdrücken und am Kopf befestigen
- zwei Röllchen als Arme festdrücken
- zwei Röllchen zu Füßen formen
- zwei flache, etwa dreieckige Flügel von hinten festdrücken
- ein Drahthäkchen eindrücken (evtl. Büroklammer)

Nach dem Trocknen mit Bastelfarben bemalen. Die Kinder grundierten die Figuren erst weiß und malten dann mit einem dünnen Haarpinsel die Haare, das Gesicht usw. auf.

Salzteigfiguren müssen noch farblos überlackiert werden, um sie vor Feuchtigkeit zu schützen.

Man staunt, wie unterschiedlich – trotz gleicher Arbeitsweise – die Engel ausfallen. Wahre Charakterfiguren gibt es da!

Die Sterne sind mit dem Küchenmesser aus einer flachgedrückten Platte herausgeschnitten. Die Kanten nachformen.

Wenn man einmal ganz viele Figuren braucht, kann man die Modelliermasse zu einer etwa 0,5 cm dünnen Platte ausrollen und die Teile mit Keksausstechern ausstechen.

Maria und Joseph mit dem Christkind in einer Felsenhöhle – diese **Minikrippe aus Ton** hat ein 12jähriger Junge geformt. Sie ist auch in Wirklichkeit nur wenig größer als auf diesem Bild.

Die Figuren sind wie die Leuchterengel von S. 36 aus einzelnen Elementen zusammengesetzt, z.B. kleinen Kugeln für die Köpfe, Röllchen für Arme und Beine. Aus einer flachgedrückten Platte sind die Umhänge entstanden. Auch die Futterkrippe ist aus einer breitgedrückten Kugel geformt.

Für die Höhle rollt man eine etwa tellergroße Tonplatte mit einem Nudelholz aus. Durch Zusammendrücken und Hochziehen formen die Kinder ein stall- oder höhlenähnliches Gebilde. Hier wurde gleich ein Kerzenhalter mit eingearbeitet, um die Szene zu beleuchten.

Natürlich läßt sich die Krippe noch vielfältig ergänzen, z.B. mit Ochs und Esel, den Hirten mit ihren Schafen, den Heiligen Drei Königen usw. Als familiäre Gemeinschaftsarbeit sehr gut geeignet.

Übrigens ein wunderschönes Weihnachtsgeschenk von Kindern für Eltern und Großeltern, das sicher, wenn es gelungen ist, jahrelang aufbewahrt wird.

Die Krippe wurde einmal gebrannt und dann sparsam mit matten Bastelfarben bemalt.

Weihnachtlicher Kinderkaffeeklatsch findet auf einer **Decke** statt, die die Kinder selbst bemalt haben. Die Decke ist superpraktisch, denn sie ist aus kräftiger, durchsichtiger Plastikfolie (gibt es im Warenhaus).

Drei gute Ideen stecken darin.

Erstens: Alle können mitmachen beim Bemalen, die kleinen wie die größeren Kinder und ihre Freunde und Freundinnen. Denn es wird kunterbunt von jeder Seite aus ohne bestimmte Einteilung gemalt. Jeder malt das, was er am schönsten findet oder am besten kann.

Zweitens: Nach dem Trocknen der Farben wird die Decke umgedreht und mit der Bemalung nach unten auf den Tisch gelegt. Jetzt kann Adventskaffee getrunken werden und niemand braucht sich um Kakaoflecken zu sorgen, denn die Decke ist ja problemlos abwischbar. Sie kann natürlich auch auf der bemalten Seite abgewischt werden, jedoch ist die Oberfläche dann nicht ganz so unempfindlich wie auf der glatten Seite. Sogar die Farbe läßt sich verändern. Legt man eine weiße oder hellblaue Tischdecke darunter, wirkt die Bemalung wieder ganz anders.

Drittens: Sie sorgt für Kurzweil beim Kaffeetrinken. Denn es gibt natürlich allerhand darauf zu entdecken. Man kann Such- und Ratespiele damit machen (z.B. „Ich sehe was, was Du nicht siehst" u.ä.). Beim Bemalen kann man schon ein paar Rätsel mit einbauen, Bilderrätsel, Märchenfiguren usw.

Gemalt werden kann mit allen Farben, die wischfest auftrocknen. Wir benutzten Lackmalstifte, Bastelfarben, Plaka-Lack, wasserfeste Filzstifte und Glitzerpaste. Das braucht man natürlich nicht alles; wir wollten jedoch testen, was sich eignet.

Am einfachsten war es für die kleineren Kinder, große Konturen mit Lackstiften oder wasserfesten Filzstiften zu malen und mit Plaka-Lack oder Lackstiften auszufüllen. Ebensogut verwenden lassen sich für die ganz Kleinen weiche Wachsmalkreiden,

wenn auch die Oberfläche dann nicht ganz so unempfindlich ist.
Beachten sollte man, daß nur Farben ausgewählt werden, bei denen man die Pinsel mit Wasser auswaschen kann. Das ist bei den meisten Bastelfarben auf Acrylbasis der Fall.

Es empfiehlt sich, die Folie vor dem Bemalen mit heißem Seifenwasser oder Nitroverdünnung abzuwischen, damit Fettspuren beseitigt werden und die Farben besser haften. Im übrigen läßt sich natürlich auch jede farbige Lackfolie gut bemalen. Es gibt sie in allen Farben, sogar in Gold und Silber.
Zum Aufbewahren sollte man die Decke auf eine Papprolle aufrollen, damit sie keine häßlichen Knicke bekommt.

Ein großer Weihnachtsmann mit einem Schlitten, gezogen von einem Hirsch und in Begleitung einer Katze. Die Tannenbäume sind mit Metallic-Lack gemalt.

Während der Weihnachtsmann mit einer Karawane vorbeizieht, feiern die Schneehasen Weihnachten mit vielen Karotten und einem Schneemann.

Im bläulich-silbern schimmernden Schloß (gemalt mit Metallicfarben und Lackmalstiften) wohnt die Eisprinzessin. Hier führt sie gerade vor der Schloßtreppe ihre Hündchen aus, während ein Prinz versucht, den steilen Eisberg zu erklettern, um die Prinzessin zu erobern.

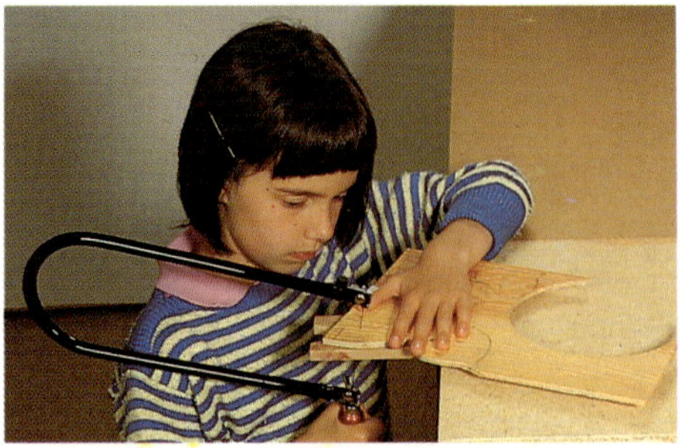

Größere Kinder, besonders Jungen, haben Spaß an Laubsägearbeiten. Ab etwa 8 Jahren können sie schon ein dünneres (etwa 5 mm) Sperrholz sägen. Bevor man sich an die Leuchter wagt, sollte man allerdings ein bißchen üben.

Die Kerzenleuchter in Form von Pferdchen und Engeln bestehen aus jeweils zwei Teilen, die mit Hilfe von ausgesägten Schlitzen ineinandergesteckt werden. Ein kleiner Nagel oder Klebewachs hält die Kerze.

Für einen Leuchter braucht man zwei Reststücke Sperrholz, etwa 20 × 20 cm groß und 4 bis höchstens 8 mm stark. Solche Reststücke bekommt man beim Holzhändler fast umsonst, wenn man sie sich aus der Restekiste heraussucht.
Die originalgroßen Vorlagen bringt der Bastelbogen. Ihr könnt sie ausschneiden und die Umrisse auf dem Sperrholz nachmalen. Die ausgesägten Teile müssen mit Sandpapier an den Kanten feingeschmirgelt werden. Dann prüfen, ob die Teile zusammensteckbar sind und der Leuchter nicht wackelt.
Anschließend mit Bastelfarben bemalen. Zuerst die Grundfarbe mit einem Borstenpinsel aufmalen. Für die Muster benutzt man einen feineren Haarpinsel. Man kann auch die Wasserfarben aus dem Schul-Tuschkasten benutzen und anschließend die Teile farblos lackieren.

Für diejenigen, die noch nie mit der Laubsäge hantiert haben, eine ganz kurze Anleitung:
Zum Üben dünnes Sperrholz wählen. Das Sägeblatt (etwa Nr. 5) so einspannen, daß die Zähnchen nach unten zum Griff zeigen. Meist muß dabei ein Erwachsener helfen, damit das Blatt auch straff sitzt. Zu Beginn immer einen Aufwärtsstrich machen, dann ganz locker hoch und runter sägen, dabei

darf man nicht krampfhaft nach vorn drükken, denn sonst klemmt das Sägeblatt leicht fest. Man muß um die Ecke sägen, nicht die Säge einfach drehen, denn dann würde das Blatt brechen. Man sägt einfach auf der Stelle und dreht dabei ganz langsam das Holz oder die Säge, bis die Richtung stimmt.

Den Sägebogen möglichst senkrecht halten und nicht verkanten. Kinder können das am besten, wenn sie vor dem Tisch knien.

Als Unterlage benutzt man das übliche Laubsägetischchen, das mit einer kleinen Schraubzwinge am Tisch befestigt wird.

Als Sägeübung (bevor man sich an die Leuchter wagt) eignet sich ganz hervorragend die Herstellung eines Puzzles. Ein Sperrholzbrett wird mit einem weihnachtlichen Bild bemalt und zu puzzleähnlichen Teilen auseinandergesägt. Da man ohne Vorzeichnung dabei sägen kann, ist es auch nicht schlimm, wenn der Sägebogen einmal eine ganz andere Richtung nimmt, als man eigentlich vorhatte!

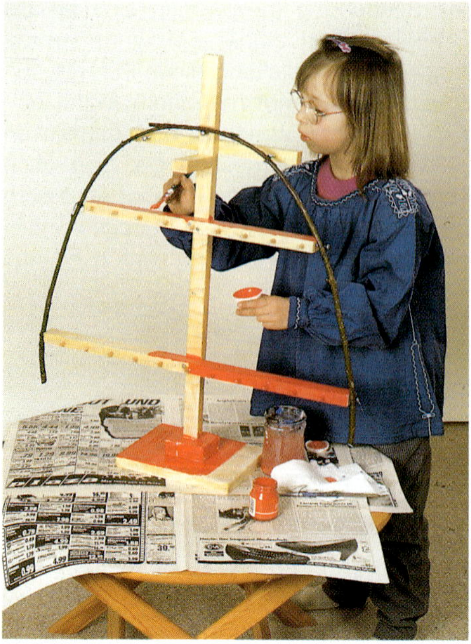

Der Weihnachtsbogen, den Miriam gerade rot anstreicht, eignet sich auch gut als Adventskalender. An den eingeleimten Dübeln lassen sich kleine Päckchen oder genähte Säckchen anhängen, die mit Überraschungen gefüllt sind.

Der Brauch, zu Weihnachten einen mit Tannen geschmückten Bogen aufzustellen, stammt aus Friesland und ist älter als der Weihnachtsbaum.

Unser **Weihnachtsbogen** ist eine Familien-Gemeinschaftsarbeit, und wir stellen uns vor, daß er auch eine Tradition einleiten soll:

Jedes Jahr kann er mit schönen weihnachtlichen Basteleien von Kindern und Eltern geschmückt werden. Und jedes Jahr sollen einige der schönsten Stücke aus den Vorjahren wieder mit ausgestellt werden. So kann man im Laufe der Jahre auch die Entwicklung der Fertigkeiten und künstlerischen Fähigkeiten der Kinder verfolgen.

Die Form und Größe dieses Bogens ist nur ein Vorschlag, er kann natürlich auch anders eingeteilt sein. Er besteht aus 2 × 3 cm starken Leisten, die zusammengeschraubt und auf einem Grundbrett (Restbrett aus Kiefernholz oder Tischlerplatte) festgeschaubt werden. Das obere Querbrett dient zur Befestigung von Kerzen.

Wer den Bogen so nachbauen möchte, findet eine genaue Zeichnung und eine Stückliste auf dem Bastelbogen, der diesem Buch beigefügt ist.
Zum Anhängen von Figuren haben wir 6 mm starke Holzdübel in entsprechende Bohrungen eingeleimt. An den seitlich eingeschlagenen Nägeln befestigt man mit Blumendraht einen Weidenast oder dicken Gärtnerdraht.

Wir haben das Gestell bemalt und farblos überlackiert, aber natürlich ist es auch im Naturton von Kiefernholz sehr hübsch. Schuppenförmig werden dann kurze Tannen- oder Buchsbaumzweige mit Blumendraht um den Weidenbogen gewickelt.

Und was geschieht mit all den Resten nach Weihnachten? Gold- und Geschenkpapiere, kleine Basteleien usw. lohnen nicht die Aufbewahrung bis zum nächsten Jahr, sind aber doch zu schade zum Wegwerfen. Wir machen daraus ein

Weihnachts-Krimskrams-Erinnerungsbild".

Dazu kann man wirklich alles gebrauchen: verschiedene Papiere, Geschenkbänder, Lametta, Folie, Grußkarten, Zeichnungen der Kinder, kaputten Tannenbaumschmuck usw. Wenn man dann noch ein bißchen Glitzerpaste, ein paar Perlen und Pailletten, ein bißchen Farbe und eine Tube UHU-Alleskleber spendiert, sind dem Einfallsreichtum der Kinder keine Grenzen gesetzt. Das Material inspiriert sie zu tausend Ideen!

Wir haben aus Abfallholz Rahmen zusammengeleimt, ein fester Karton tut es aber auch. Zuerst „tapeziert" man die Flächen mit Papierresten, die weiteren Ideen kommen von allein.

Auch Fotos lassen sich gut in das Restebild einbauen. Wenn wir dann noch die Jahreszahl auf den Rahmen schreiben (vielleicht mit Glitzerpaste?), haben nicht nur die Kinder, sondern auch die Eltern eine dekorative Erinnerung für Jahre!

Wer es ein bißchen geheimnisvoll machen möchte, bastelt sein Bild in einen

„Guckkasten" hinein. Dazu schneidet man in den Deckel eines Schuhkartons ein größeres Loch, das mit durchscheinendem Transparentpapier überklebt wird. Kleine „Fenster" in den Seiten geben ebenfalls Licht. An der Stirnseite gibt ein Loch den Durchblick frei auf die glitzernde, schimmernde „Weihnachtswelt". Kleine Spiegelstücke an den Wänden machen die Szenerie noch räumlicher.

Wenn man hier hineinschaut, wird einem ganz weihnachtlich zumute!

TOPP

Bücher und Vorlagen

zum Basteln, Werken und Gestalten

In der TOPP Buchreihe „Kreative Freizeit" erscheinen über 500 Titel zu den Bereichen:

- Basteln mit Papier und Tonkarton
- Seidenmalerei, Stoffbemalen, Marmorieren
- Werken mit Ton, plastisch formen
- Textiles Werken, Handarbeiten, Klöppeln
- Puppen, Puppengarderobe und Spieltiere
- Porzellan-, Öl- und Aquarellmalerei
- Tiffany, Glasmalerei und Glasritzen
- Floristischer Heimschmuck, Gestecke, Gebinde
- Pflanzenhobby, mit Naturmaterial gestalten
- Werken mit Holz, Bauernmalerei
- Modeschmuck und Accessoires
- Weihnachtliches/Österliches Basteln
- und die Reihe „Mit TOPPi kinderleicht"

Fragen Sie Ihren Fach- und Buchhändler nach den aktuellen Neuerscheinungen!

frech-verlag Stuttgart